Die Idee zu diesem Buch entstand im täglichen Umgang mit psychisch Kranken und deren Angehörigen. Nicht die Krankheit der Betroffenen sollte im Vordergrund stehen, sondern die schöpferischen Kräfte der Patienten. Die Patienten dort zu fördern, wo eigene Fähigkeiten vorhanden sind, das war das Anliegen.

Die vorliegenden Arbeiten geben Aufschluß darüber, wie die Kranken sich und ihre Umwelt sehen. Im schöpferischen Tun erkennen die Betroffenen eine Möglichkeit, sich mit ihrem akuten persönlichen Problem auseinanderzusetzen. So lassen sich mit künstlerischer Arbeit auch therapeutische Ziele verbinden.

Die Zeichnungen und Gedichte entstanden im Kontaktzentrum der Arbeitsgemeinschaft für psychisch Kranke im Erftkreis e. V. – in Verbindung mit dem dortigen Patientenclub, mit der Beschäftigungstherapie und mit den Freizeitgruppen. Diese Treffpunkte mit der Möglichkeit, mitmenschliche Kontakte zu knüpfen, geben vielen psychisch Kranken das Gefühl von Sicherheit und Geborgenheit. Hinzu kommt die Bestätigung durch die eigene Arbeit: Freude, Stolz und Erleichterung, wenn etwas aus angeleitetem eigenen Antrieb entsteht und gelingt. Die Selbstbestätigung ist für die psychisch Kranken wertvoller als alle materiellen Dinge.

Dieses Buch möchte Betroffenen und deren Angehörigen Mut machen und uns »Gesunde« nachdenklich.

Dr. med. Sibylle Schreckling
Hürth, im Dezember 1987

Der Herrgott nahm mir meinen Mann.
Was fang ich nun mit meinem Leben an.
Ich lebe nun in Einsamkeit.
Hätt für ein Kind doch so viel Zeit.
Leer sind nun die Tage.
Was ist das für eine Plage,
denn schwere Gedanken quälen mich,
schon am frühen Morgen fürchterlich.
Zu wenig Pflichten hab ich nun.
Hab zu viel Zeit und nichts zu tun.
Bestätigung hab ich zwar für Stunden
im Patientenclub gefunden.
Dort basteln wir nützliche Sachen
wobei wir auch scherzen und lachen.
Kehr ich dann wieder heim,
bin ich doch wieder allein.
Von neuem quälen mich die Gedanken.
Könnt ich sie doch halten in Schranken!
Kein Mensch kümmert sich um mich.
Jeder bleibt lieber für sich.
Gesundheitlich geht es mir gar nicht gut.
Drum fehlt es mir an neuem Mut,
um auf Reisen zu gehen,
und die Welt mir anzusehen.
Was ist das für ein Leben?
Das hat mir Gott gegeben.

Du sitzt zuhause
Du bist allein
Was ist das Leben
Was ist das Sein

Du stellst Dir auf einmal die Frage:
Warum bin ich wohl auf dieser Welt?
Du hast Freunde, auch Feinde
und verdienst Dir Dein Geld.
Doch plötzlich fragst Du:
wozu und warum?
Du siehst keinen Sinn mehr in all Deinem Tun.

Traurigkeit überfällt Dich,
Verzweiflung und Not.

Du fühlst eine Leere
Du fühlst Dich wie tot.
Dein Herz schreit nach Hilfe,
doch niemand hört zu:
Und Du fragst wieder: Warum und wozu?

Plötzlich klingelt es an der Tür.
Es sind Deine Kinder, sie rufen nach Dir.
Auch sie haben Kummer, Sorgen und Not,
auf einmal spürst Du, Du bist gar nicht tot.
Sie brauchen Deine Liebe, sie brauchen Dich noch.
Vielleicht gibt es eine Erfüllung,
vielleicht gibt es sie doch?
Du fühlst Dich elend, kraftlos, geschafft.
Aber Du spürst, Du findest sie wieder, die Kraft.

Die Tasse symbolisiert einen Menschen, der sich vollkommen zerrissen und gespalten fühlt. Es ist ein abgebrochenes Stück Porzellan, welches die Tasse zwangsläufig in den Mülleimer befördert. Die Tasse ist nicht mehr verwendbar. Oder eventuell kleben!?

Dieser Mensch hier, in Form dieser Tasse, findet oft genug nicht den richtigen Weg. Manchmal scheint alles so einfach zu regeln zu sein – und dann, wie aus heiterem Himmel, bricht das Kartenhäuschen wieder zusammen. Da tappt dieser Mensch dann vollkommen im Dunkeln. Es passiert mir, wie diesem Menschen, sehr häufig. Er bekommt riesengroße Angst vor sich selbst.

Nun ist es wieder Nacht. Schrecklich für manche Menschen. Da ist ein Mensch, der nicht zur Ruhe kommt. Das Fenster ist erleuchtet vom Lampenlicht. Also ist da wieder einmal jemand, der keinen Schlaf findet. Das geht bei diesem Menschen schon eine ganze Weile so. Er ist todmüde, aber der Schlaf bleibt aus. Die gewisse Person schaut immer wieder auf die Uhr – Mensch, 1.30 Uhr, – und er wird immer nervöser. Schon so spät und noch immer nichts. Wenn dann wieder der schreckliche Abend sich nähert, wird es der gewissen Person beinahe übel, daß es wieder nichts ist mit dem Schlaf. Ein Hin und Her, raus aus dem Bett, rein ins Bett. Da es bei diesem Menschen schon so lange her ist, ohne Schlaf zu leben, erhält er zur Überbrückung von seinem Arzt vorübergehend eine Stütze. Diese Art von Stütze ist aber gefährlich. Also dieses Wort »Achtung« auf dem Bild.

Schön wäre etwa, wenn sich der Schlafrhythmus wieder einstellt. Es wäre für die Person hier ein riesengroßes Geschenk. Ohne Schlaf kann man nicht existieren, da stellen sich im Endeffekt noch mehr Psychosen ein – und das ist schlimm. Aber auch künstlicher Schlaf ist kein gesunder Schlaf.

In tiefe Ohnmacht gefallen,
hält der Nebel die Frau fest in seinen Krallen,
ihre vollkommen entkleidete Seele.

Dunst steigt empor.
Sein Chorgesang umschmeichelt die schlafende Frau.
Ihr Ohr nimmt es nicht wahr.

Ihr Unterbewußtsein ist stark und größer
als ein endloser Wald.
Vorsicht, bitte weckt sie mit Gewalt,
sonst ist ihr Körper nicht mehr warm,
sondern erschreckend kalt.

Die Frau im wachen Zustand leidet.
Sie will diese Art von Ohnmacht nicht.
Wenn es Hilfe gibt, gebt sie ihr,
sonst stirbt sie.
Und die Nebel steigen wieder empor –
und wieder erklingt der bittersüße Chor.

Ein Auge geschlossen
das andere halb offen,
zeigt das Einschlafen.
Aber Tränen fließen aus dem einen,
und der Mensch ist bitterlich am Weinen.

Dieser Mensch war müde,
todmüde allem Ärger und Schmerz.
Doch dann wendet sich das Blatt.
Es ging alles sehr schnell
und dann war es bald wieder unheimlich hell.
Er ist nicht erfreut über diese Helligkeit.

Voller Wehmut denkt er daran,
wie das, was man gemacht,
doch so leicht und einfach nicht immer klappt.

In seinen Träumen sieht er dann jene Hand (Gottes),
mit einem Licht –
welches noch nicht zu Ende gebrannt.
Also versuche niemals mit Gewalt
dem Leben ein Ende zu machen, denn einer weiß,
wenn Du bereit
und die dunklen Nebel sollen fallen.
Niemals werfe Dein von Gott gegebenes Leben
als Dreck vor die Füße – oder daneben.

Schön ist der Sonnenuntergang.
Der Tag geht zu Ende.
Das Meer ist für einige Minuten
eine bunte Farbenpracht.
Es ist so herrlich.

Viele Gedanken gehen einem durch den Kopf.
Man fängt an zu träumen und man möchte
jetzt, gerade jetzt, nichts mehr versäumen.
Der Spuk geht vorbei.
Die Nacht bricht herein und alles kommt
einem vor wie ein wunderschönes Märchen.

Weißt Du, wie es ist, wenn das Dunkel der Nacht
Dich auch am Tag einhüllt?

Wenn der Schleier der Trauer Dir den Blick
für das Licht verdunkelt?

Wenn die Worte der Zuversicht Dein Ohr
nicht erreichen?

Wenn Du den Duft der Hoffnung nicht mehr
riechen kannst?

Wenn die Musik der Liebe Dein Herz nicht
mehr schneller schlagen läßt?

Wenn Tabletten Deine Sinne und Gefühle
lahmlegen?

Vergiß nicht, Du hast noch einen Mund, der sagt:
ICH WILL WEITER LEBEN!

Wie lang ist ein Winter, wenn man innerlich friert!

Wie lang ist eine Woche, wenn man nicht gebraucht wird!

Wie lang ist ein Tag, wenn man weint!

Wie lang ist eine Stunde, wenn man alleine ist!

Wie lang ist eine Minute, wenn man wartet!

Wie lang ist ein Monat, wenn man nicht geliebt wird!

Wie kurz ist ein Sommer, wenn man die Wärme in sich fühlt!

Wie kurz ist eine Woche, wenn man sich selbst mag!

Wie kurz ist ein Tag, wenn man lachen kann!

Wie kurz ist eine Stunde mit Menschen, die man mag!

Wie kurz ist eine Minute, wenn eine Hoffnung erfüllt wird!

Wie kurz ist ein Moment, wenn jemand sagt:
ICH HAB DICH LIEB!

Er hat mich verlassen, am Anfang des Jahres
mein Mann, meine Liebe, er sagte: Das war's!
Um mich wurde es dunkel, Verzweiflung und Haß.
Mein Herz war gebrochen, meine Augen stets naß.
Weg war er, mein Verstand.
Ich suchte sie, die helfende Hand!
Die Hand, die mich hält, vor dem Abgrund bewahrt,
die mir zeigt, es geht weiter,
»Wage den Start«!
Zu neuem Leben, zu Tiefen und Höhen.
Die Hände waren da, ich mußte sie nur sehen.
Besonders eine, voll Liebe und Kraft
hat mich begleitet und gab mir die Macht
mich zu finden, zu erwachen, zu leben . . .
dafür danke ich Dir, DU HAST MIR ALLES GEGEBEN!

Der Tränenstrom, der fließt,
so als ob es vom Himmel gießt.
Er wird zum Wasserfall, zum See
und es tut ja so schrecklich weh.
Der Kummer scheint riesengroß.
Was ist eigentlich mit diesem Menschen los?
Vielleicht kommt bald jemand und spendet Trost!

Trauer, Tod und Sterbeleid –
jedes Ding währt seine Zeit.
Sommersonne, warme Erde,
gold'ner Herbst, vorbei, vorbei.

Blätter können nicht mehr tanzen,
Wind wurd' Sturm, bläst bitterkalt.
Er regiert mächtig, wütend
reißt die Blätter weg vom Stamm.

Und ich bin allein im Garten,
suche einen stillen Platz,
eine Höhle zum Verkriechen,
möcht' entfliehen diesem Schmerz.

Eingesponnen in die Trauer
ganz entrückt der Erde Leid,
halt' ich still bis ich erwache,
wenn wieder warm die Sonne scheint.

Tod und Leben – eine Einheit –
Mensch, das mach' Dir stets bewußt,
sterben mußt Du viele Tode,
daß Dein Leben wird Genuß.

Die Schatten der Nacht
wichen zurück.
Die Sonne erwacht,
und fast jeder Mensch lacht.
Purpurrot steigt sie langsam empor
und verbreitet, je höher sie steigt,
unendlich viel Licht.
Ein neuer Tag beginnt,
sei es mit Angst im Herzen.
Was er wohl bringt?
Oder sei es Freude
und man singt.
Guten Morgen, neuer Tag.

Erstarrte Stille –
nirgends ein Wille.
Erschöpfte Kräfte
glitten hinab
lautlos
in lähmende Leere
in ein Nichts.

Verschwimmen darin?
Versanden darin?
Ruhen sich aus?

Füllen sich auf?
Formen sich neu?
Um wieder zu wachsen,
um wieder zu sein.

Körper ist Hülle –
Seele ist Mitte –
ständiger Wechsel
von Leere bis Fülle.
Ständiger Wandel
unter dem Mond.

Aus der Depression herauskommen. Dieser Mensch ist gefangen und schwimmt bis zum Geht-nicht-mehr. Normalerweise ist sie ein guter Schwimmer, aber die Kräfte lassen langsam nach. Dieser Mensch kommt aus dem See nicht heraus. Der See besitzt drei Mündungen. Jetzt heißt es darauf losschwimmen. Er versucht es bei der ersten Mündung – es klappt nicht. Die zweite Mündung hätte er beinahe geschafft, rutschte aber wieder ab. Die Kraft, um herauszukommen, wird immer geringer. Er bekommt kaum noch Luft. Der letzte Versuch ist die dritte Mündung. Er kommt auch bis an die Büsche und versucht sich hochzuziehen, aber auch das mißglückt.

So strampelt sich dieser Mensch immer wieder auf den Rand der Mündungen zu. Er hat den Willen, da herauszukommen. Er will ja auch. Was manch einem Menschen so leicht fällt, aus diesem Wasser herauszukommen, ist für diesen Menschen unheimlich schwierig. Am liebsten möchte dieser Mensch sich im Wasser treiben lassen, schwebend, auf dem Wasser liegen, denn ihm ist der Kampf um sein Leben zu anstrengend.

Ich glaube, diesmal gibt er auf.

Das Gefühl des Verlorenseins.
Sehen wir den Baum einmal als Familie.
Öde und fast leer, von jedem Lebewesen verlassen. Der Blitz hat ordentlich eingeschlagen und tüchtig aufgeräumt. Ein einziges Blatt hängt noch an diesem Baum. Aber auch dieses Blatt verliert langsam an Halt, und wenn es sich weiterhin verfärbt, fällt es sehr wahrscheinlich ab. Es fühlt sich total verloren. Es kann sich alleine, von allen verlassen, nicht mehr lange halten. Hilfe von diesem Baum, zu dem es doch gehört, kann es nicht mehr erwarten. Zwangsläufig verliert dieses Blatt den Halt. Ein kleiner Windstoß – und es fällt zu Boden und stirbt. Der Baum aber erwacht bald wieder zum Leben – ohne dieses Blatt, was doch verloren ist, bald zu Boden fällt, und damit ist das Sterben besiegelt.

Geborgenheit in der Familie ist eigentlich mit das Wichtigste. Liebe zwischen Ehepartnern, Verständnis und Sicherheit. Wenn alle diese Dinge stimmen, fühlt man sich geborgen. Alle müssen fest zusammenhalten, auch wenn es einmal Schwierigkeiten gibt – vor allen Dingen auch über alles reden. Alles in allem Liebe, sehr viel Liebe, dann ist es eine gesunde Familie. Leider habe ich so etwas nie erlebt und bin traurig, daß bei mir alles kaputt ist.

Aus dem Dickicht meiner Sorgen,
in der Nacht vor meiner Not,
wurd' ich hochgehoben in die Lüfte
wurd' ich entrückt dem Leidensweg.

Schwebend, sanft auf Tönen gleitend
fand ich Ruhe, fand ich Rast.

Meine Seele und mein Körper
schöpfen Kraft vom Menschenhaß.

Menschen kranken, Menschen leiden,
Menschenleid wird immer sein.
Menschenliebe ist das Höchste:
»Lieb dich Mensch, auch das macht heil!«

Du verbargst Dich im Nebeltal,
ich aß Nebelbrot
und trank Nebelwein –
ich aß Hunger und trank Durst.

So viele Gestalten
tauchten im Nebel auf –
ich dachte immer
das bist du!

Immer griff ich in Dornen
streckte ich die Hände aus zu dir –
ich bin so viele Jahre schon krank:
Komm und heile mich!

Ich rufe nach dir –
das Echo antwortet nur.
Ich irre durch die Nebel,
zerreiße die Nebelschleier!

Ich habe sonst nichts
als dich – mein Traum.
Weiß nicht mehr ob es die Sonne gibt,
kenne Mond und Sterne kaum noch.

Ich wurde mir selber fremd
unter den blinden Wolken,
doch der Kompaß meiner Seele
zeigt mit seiner Nadel nach dir!

Doch ich drehe mich im Kreise
bis ich falle ins Dornenbett,
bis ich fliege
zu dir zurück.

Bis du Sonne mich,
deine Lerche,
aufnimmst wieder
ins Frühlingslied.

Unberührt
vor uns liegen die Jahre,
glatt und problemlos
am Lebensbeginn.

Lautlos
verrinnen, vertropfen die Tage.
Mancherlei Wunden
gebären Sekunden –

und in das Leben
verwebt sich ein Weh.

Harmonie und Geborgenheit ist das schönste, was es gibt. Und natürlich auch Versorgtsein gehört dazu. Die Jungvögel fühlen sich sicher, weil die Mutter in ihrer Nähe ist. Dasselbe gilt auch für den Menschen.
Nur, wie leicht kann so eine Harmonie und Geborgenheit kaputtgemacht werden.

Der arme Schmetterling.
Hilflos und gefangen im Netz der Spinne.
Er lebt noch, noch eine ganze Weile.
Voller Angst geplagt.
Jetzt müßte jemand kommen und ihn dort befreien.
Die Zeit ist so lang, ach je, wie schrecklich.
Ich bin verloren und möchte doch so gerne wieder
frei sein und glücklich einherflattern,
von Blume zu Blume.

Noch immer gefangen.
Kaum eine Chance, herauszukommen.
Nein, gar keine.
Der Schmetterling klagt,
weint und ruft mit leiser Stimme um Hilfe.
Niemand scheint ihn zu hören.
Es ist ja auch aussichtslos,
dort aus den klebrigen Fäden zu entkommen.
Es ist nur ein Traum.
Der Traum wird wahr.
Es wird ihm geholfen.

Eine Hand zerreißt das Netz.
Es ist ein Mensch.
Der Mensch hat das Netz zerstört
und den Schmetterling befreit.
Gibt es so etwas wirklich?
Ist so etwas nicht nur ein Traum?
Jedenfalls war es hier ein guter Mensch.
Also muß es so etwas auch geben.
Der Traum ist wahrgeworden
und glücklich ist der Schmetterling.

Leidvoll eingegraben
ward jeder Tag.
Schmerzvolle Stunden
so viele im Jahr.

Der Kreuzweg begann,
als Ostern vorbei,
gekreuzigt auch wieder
zur Weihnachtszeit.

»Lebt Jesus, der Christus?«
verzweifelnd ich frag'
in schwersten Stunden
am dunkelsten Tag.

Erlöst er von Qualen,
die Menschen verstärkt?
Bringt Licht in die Herzen,
wo Härte nur war?

O hilf! Heiland hilf!
Hilf Du unserem Sohn,
sei Du der Erlöser
in so großer Not!

Wilder Wein im stillen Garten,
bunt gefärbt in letzten Tagen,
wachgeküßt durch frühe Sonne,
schwelgst du üppig
in der Morgensonne Glanz.

Unscheinbar grün während des Sommers
legst du stets erst im Oktober
dein blutrot buntes Herbstkleid an.
Flirtest mit dem Strahl der Sonne,
mit dem Schatten an der Mauer,
feierst deine »Hohe Zeit«
im prachtvoll bunten Hochzeitskleid.

Zaghaft fallen erste Blätter,
heut weht streichelnd noch der Wind.
Doch die herbstliche Berauschtheit
wird vergehen und auch enden,
weil dann stärker weht der Wind.
Wird euch schütteln, wird euch reißen
weg vom Stamm, der Kraft euch gab.
Ein letzter Tanz im Wirbelwinde
blendet euer Sein – und bald das Jahr.

Gestern
war mein Heute,
morgen
war bar
aller Sorgen.

Doch über Nacht –
war's ein Tag,
war's ein Jahr?

Leiden und Kummer
der Alltag gebar.

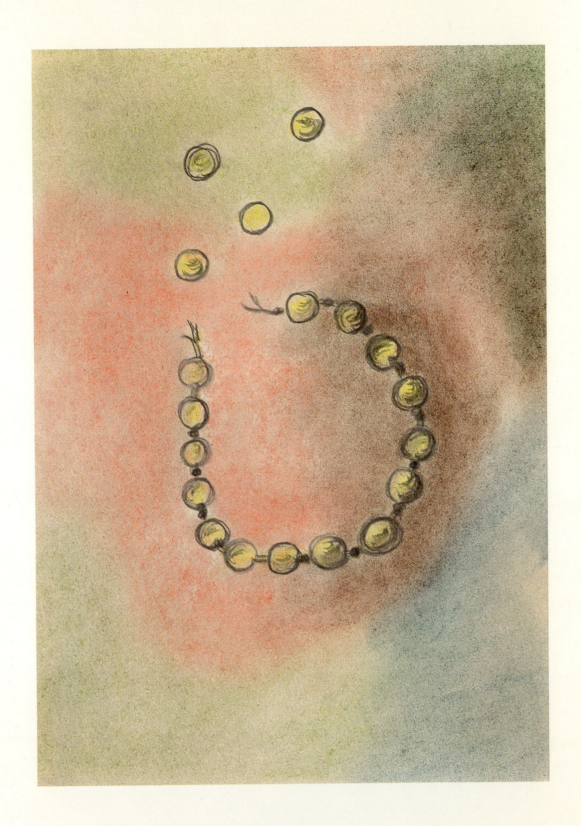

Es ist etwas zerbrochen
in mir.
Ich fühl's
und weiß nicht was.

Eine Tür schlug zu,
ich weiß nicht wo,
eine Hoffnung ist nicht mehr.

Ich habe dich als Stein geliebt
du meine glühende Sonne,
als Grashalm habe ich mich gebeugt
unter dir du geliebter Wind!

Als Tier war ich auf der Flucht
zu dir, meine bergende Höhle.
Als Mensch habe ich die Hände gestreckt
zu dir, du mein mich umgebendes Licht!

Du hast mich wachgeküßt
mit deinem Himmelskuß,
du hast meine Ohren geöffnet
mit deinem Zauberlied.

Du hast meine Augen strahlend gemacht
mit dem Leuchten deiner Augen,
du hast die Sonne vom Himmel geholt
und mir als Seele ins Herz versenkt.

Dich habe ich noch geliebt
als ich im tiefen Todesschlafe lag,
auf dem Grunde des Meeres
sah ich deine Sterne noch.

Wie sollte ich dir je untreu werden?
Tief in meinem Herzen
ist deine Liebe dem Monde gleich
in der Tiefe des Alls der Spiegel der Sonne.

Über unsere Liebe

Deine Gedichte wehen als gelbe Blätter
von den Bäumen im Park.

Ich glaube, andere ernten deine reifen Früchte,
andere liegen berauscht im Weinberg nun:
wir wandern beide ruhelos
als Freunde durch die Welt.

Wir singen gemeinsam ein Lied
das niemand mehr hört ...
es ist Herbst und bald kommt der Winter
in dem auch unsere Rosen erfrieren.

Bald liegen auch wir
erstarrt unterm Schnee –
doch unsere Liebe
läßt uns im Frühling auferstehn.

Unsere Liebe ruft die Singvögel wieder zurück!
Wir wachsen zum Himmel und treiben Blüten.
Solang wir lieben gibt es keinen Tod –
in unserer Liebe geht die Sonne neu auf!

Langsam neigt sich das Jahr dem Ende zu,
auch die Natur neigt sich zur Ruh.
Noch einmal zeigt sie mit aller Pracht,
was der Herrgott für herrliche Farben macht.
Von gelb, gold und braun,
man steht da und staunt.
Die Blümlein müssen schlafen gehen,
um im Frühling wieder aufzustehen.
Die Vöglein sind in den Süden geflogen.
Wie gerne wäre ich mit ihnen gezogen.
Bald rast der Regen und Sturm,
über Häuser, Straßen und Turm,
vorbei ist dann die bunte Pracht,
die der Herrgott gemacht.
Dann kommt Herr Winter, der starke Mann,
und zeigt, wie er herrschen kann.
Mal jagt er den Schnee durch die Straßen,
mal läßt er ihn fallen in Massen.
Er deckt mit weißem Mantel die Erde zu,
damit alles kommet zur Ruh.
Bis dann der Lenz erwacht,
und die Natur erblüht mit neuer Pracht.